# ÉLOGE FUNÈBRE

# DE JEAN REBOUL.

Nîmes, imp. LAFARE et ATTENOUX, place de la Couronne, 1.

# ÉLOGE FUNÈBRE

## DE

# JEAN REBOUL

prononcé dans l'Église Cathédrale de Nimes, le 31 mai 1864

PAR

## M. L'ABBÉ DE CABRIÈRES

Vicaire Général de Monseigneur Plantier, Chanoine honoraire de Nimes et d'Alger,
Membre correspondant de l'Académie du Gard.

SE VEND AU PROFIT D'UNE BONNE ŒUVRE.

**Prix : 50 Centimes.**

## NIMES

L. BEDOT, LIBRAIRE-ÉDITEUR, RUE MADELEINE
PRÈS DE LA CATHÉDRALE.

1864

Voici, tel absolument qu'il a été lu, l'*Éloge funèbre de Jean Reboul.* Je n'ignore pas à quelle épreuve, dangereuse pour moi, je soumets la bienveillance de mes lecteurs. A la Cathédrale, en face de ce triste catafalque, sous l'émotion qui les dominait tous, mes auditeurs ont été d'une indulgence que je conçois, sans songer à m'en prévaloir. Maintenant, ces circonstances favorables n'existeront plus ; on aura le droit d'être juste ; certainement, je n'y gagnerai pas.

Quoi qu'il en soit, et malgré les imperfections nombreuses de cette esquisse trop rapidement tracée, elle me semble encore assez fidèle. Est-ce illusion ou vérité ? je ne sais ; mais il me paraît que ma plume a rendu quelques-uns des traits saillants de cette noble figure, si bien faite pour tenter et décourager en même temps les efforts des artistes.

C'est pour cela, pour cela seulement, que je me hasarde une seconde fois et d'une autre manière devant le public. Il me suffit d'avoir essayé ; d'autres viendront après moi qui parleront de Reboul avec plus de talent et d'élévation, mais non pas avec plus de vénération et de respect.

ROVÉRIÉ DE CABRIÈRES.

2 Juin 1864.

$$\dagger$$

...Habebo per sapientiam immorta-
litatem; et memoriam æternam his qui
post me futuri sunt, relinquam.

Sap. viii. 13.

La sagesse me donnera l'immortalité ; c'est elle qui me fera laisser une
mémoire éternelle parmi ceux qui
viendront après moi.

**Monseigneur,**

**Mes Frères,**

Jamais, peut-être, plus qu'en cette triste journée, je
n'ai senti le besoin d'abriter ma parole sous l'autorité de
mon ministère et sous la protection de ceux qui m'envoient
vers vous. Certes, s'il ne s'agissait que de confesser mon
impuissance à rendre notre commune douleur ; s'il ne fallait que me reconnaître incapable de louer dignement le
concitoyen illustre auquel nous allons rendre les derniers
devoirs : cet aveu me serait aisé. Vous me pardonneriez
facilement de me sentir au-dessous d'une tâche qui s'im-
posait d'elle-même à notre glorieux Évêque ou bien à son
généreux Grand-Vicaire (1), lui aussi l'une de nos gloires.

(1) Le R. P. d'Alzon.

Seules ici, ces grandes voix devraient répondre à votre émotion, et se faire l'écho de vos inconsolables regrets.

Brisées toutes deux par des fatigues que vous avez vous-mêmes causées, dont vous avez recueilli les fruits et qui, par là-même, vous les ont rendues plus chères et plus vénérées, elles m'ont ensemble commandé de faire retentir la mienne à leur place, et de mêler, au nom de l'Église, une louange, pour ainsi dire sacrée, à celles que d'autres vont répandre tout-à-l'heure, au nom de l'art et de la cité, sur le cercueil de notre poète bien-aimé.

Je viens donc, dans cette chaire et devant ces autels, avec des lèvres marquées pour être les portes virginales de la vérité, je viens louer un homme qui ne fut ni prêtre, ni magistrat, ni guerrier. Un boulanger, un poète va recevoir l'honneur de ces éloges de l'Église, dispensés toujours avec une si prudente et si légitime réserve ! Voilà ma confusion et mon effroi !

Oui, mes Frères, laissez-moi vous le dire, j'oublie le grand et consolant spectacle de votre douleur; j'oublie les sanglots que j'ai entendus, les larmes que j'ai vu couler ; j'oublie cette *lettre de faire part* (1), l'un des plus beaux titres d'honneur de notre bonne ville, si riche en souvenirs; je ne vois, je ne sens que la grandeur de l'acte que je vais accomplir, et par lequel, je le répète, au nom de l'Église, je vais déposer sur cette bière une couronne de félicitation et de reconnaissance.

---

(1) C'est la Municipalité qui a voulu payer les funérailles de Reboul et se charger d'annoncer ce deuil public.

Et que m'importe, après cela, d'être plus ou moins éloquent, de tromper plus ou moins votre attente ! Ici, l'orateur disparaît devant la mission exceptionnelle qu'il remplit ! Mon éloquence, elle est tout entière dans l'hommage inouï que je suis chargé de décerner à un mort qui ne fut ni chef d'armée, ni chef d'empire, et dont l'existence modeste, commencée dans l'humble maison d'un ouvrier serrurier, se terminait, avant-hier (1), dans la même maison, au sein de la même pauvreté ! Mon éloquence, elle est tout entière dans la mission que m'a donnée l'Illustrissime et Révérendissime Père en Dieu, Claude-Henri-Augustin Plantier, votre Évêque et le mien, de publier, devant vous, son estime, son admiration, son culte pour le noble caractère et les mâles vertus de Jean Reboul, boulanger par état, poète par vocation, grand homme et grand chrétien par la grâce de Dieu et de Jésus-Christ, Notre Seigneur !

I

Que l'Eglise laisse ses Ministres parler devant la tombe des Pontifes, des Rois, des Princes, des Généraux, je ne m'en étonne pas. Quand donc la divine messagère de

(1) Reboul est mort le dimanche dans l'Octave de la Fête-Dieu, le 29 mai, à onze heures un quart du matin. M. A. Demians, M. Tailhand et M. Gamel ont été les témoins attendris de cette mort si douloureuse et si calme.

l'éternité trouverait-elle une occasion de rappeler plus vivement aux hommes la caducité des choses terrestres, la condition précaire de toutes les grandeurs humaines ? Mais je ne sache pas que jamais un poète ait eu la fortune de servir ainsi de texte aux enseignements des prêtres du Seigneur sur la fragilité de la gloire.

Les poètes, ces âmes délicates, impressionnables, mobiles comme le ruisseau qui court, le zéphir qui passe, l'oiseau qui s'envole, l'Église les laisse à leurs rêves déçus, à leurs chimères évanouies, à leurs espérances trompées. Trop souvent, d'ailleurs, ils la contristent ou ils l'outragent. Leurs folles amours, leurs joies païennes, l'Église et Jésus-Christ les pleurent comme des péchés ! Leurs systèmes mensongers, leurs hérésies brillantes et d'autant plus funestes, l'Église et Jésus-Christ les condamnent et les réprouvent.

Hélas ! hélas ! la poésie, fille du ciel, oublie son origine ; elle livre sa harpe à des mains trop souvent impures, et, tandis que l'antiquité profane, même au risque de se démentir, faisait de ses muses des vierges « décentes », on dirait que la plupart de nos poètes conçoivent l'art comme affranchi des lois sacrées de la pudeur et de la piété.

Jean Reboul ne fut jamais ainsi. La sagesse chrétienne, qui le prit à son berceau et qui va maintenant lui donner l'immortalité, la sagesse chrétienne le fit grand poète et grand citoyen. Poète, il n'oublia jamais les engagements sacrés de son baptème ; citoyen, il se souvint toujours que Jésus-Christ est la pierre angulaire de tout droit et de toute autorité.

Poëte, il dut à la foi, ses inspirations, son talent, sa renommée ; citoyen, il dut à la foi, sa constance, son inébranlable fidélité dans le désintéressement et dans l'honneur : — c'est la Religion qui a fait Reboul. Lui-même, sans doute, l'a noblement servie, mais elle avait, comme toujours, pris les devants ; avant de recevoir, elle avait donné...

Il le disait en vers éloquents, dans cette même année 1828, qui vit naître sa gloire par la publication de l'*Ange et l'Enfant :*

> Astre choisi, si je dois luire,
> Que mes rayons soient bienfaisants !
> Souviens-toi du Ciel, ô ma lyre,
> Car c'est du Ciel que tu descends.
>
> Que la vertu daigne sourire,
> Voilà le prix où je prétends.
>
> Que ma bouche, avant que j'expire
> Puisse avouer tous tes accents !
> Souviens-toi du Ciel, ô ma lyre,
> Car c'est du Ciel que tu descends.

Il l'avait en effet reçue du Ciel cette lyre puissante dont les sons, mélodieux d'abord et doux comme la voix des Anges, devaient être ensuite retentissants comme le tonnerre.

Le Ciel ne se donne jamais mieux que sous les traits d'une famille profondément honnête et chrétienne.

Le bon serrurier qui, le 22 janvier 1796, recevait dans

ses bras son nouveau-né, Jean, était de la race énergique
de ces Nimois

« Qui, tout intelligence, ne vivent que par l'âme.
Sobres dans leur misère, et portant la fierté
Que donne à ses enfants le Dieu de vérité,
Dédaignant le nectar qui pend à nos collines,
Convives de la foi, s'enivrant de doctrines,
N'armant jamais leurs bras pour demander du pain,
Ce n'est que de l'esprit qu'ils ressentent la faim. »

Cet homme, simple de mœurs, chrétien convaincu,
n'avait pas de meilleur héritage à donner à ses enfants.
Mais il leur apprenait

« A marcher le front haut, comme l'on a toujours
Marché dans notre humble famille. »

Il leur enseignait, avec les principes de la foi qu'on
lisait, le soir, autour de la table, l'amour d'une vie labo-
rieuse, digne et fière.

La grande âme de Reboul buvait avec avidité ces leçons.
Aussi quand, à treize ans, il sortit de l'école où il avait
appris tout ce que doivent savoir les enfants du peuple,
il avait déjà le germe de toutes les vertus que sa longue
carrière devait développer et mûrir.

Placé, quelque temps, comme clerc d'avoué chez maî-
tre Boyer (1), il trouva, dans cette famille et dans cette
maison, avec une culture intellectuelle et une position

(1) Le père de M. Alphonse Boyer, le célèbre avocat de Nimes.

sociale plus hautes, des traditions et des exemples dignes de continuer son éducation morale, déjà si avancée. L'ange des chants l'avait touché de son aile ; il composait en cachette de petites pièces qu'il brûlait ensuite comme si elles avaient été un larcin, commis aux dépens des travaux qu'il devait faire. Mais, la mort de son père, arrivée brusquement, le ravit aux études qu'il aimait. Sans hésitation, sans regret, il quitta l'officine pour l'échoppe ; le *Monsieur* d'hier se fit ouvrier, et, comme si le travail était à ses yeux une gloire d'autant plus précieuse qu'il coûtait à l'homme plus de sueurs, il se condamna au dur travail du boulanger.

C'est ainsi que la foi, en le préservant de l'orgueil, le menait, sans qu'il pût le prévoir, à une solide renommée. Mais Dieu agit avec lenteur ; il semble vouloir dérouter nos conjectures et se réserver à lui-même le secret d'une destinée que nous portons en nous comme un mystère scellé.

Reboul était naturellement gai, vif, ami des plaisirs honnêtes. Dieu le voulait faire poète dans le sens élevé du mot, c'est-à-dire qu'il lui voulait donner, avec la science du nombre et du rythme, les pensées graves, profondes, austères dont il importe de nourrir les âmes pour les grandir à la hauteur de leurs devoirs.

Ce n'est point la joie qui fait ces chantres inspirés ! La souffrance est le baptême de cette divine initiation. « Que pourrait savoir celui qui n'a pas été tenté ! »

Deux fois frappé dans les plus intimes affections de

l'homme (1), Reboul sentit disparaître à jamais son incli-
nation pour les œuvres légères qui avaient d'abord tenté
l'essor de sa pensée. En 1821, quelques mois après son
second veuvage, il écrivait :

> « Tu veux que je chante la joie,
> Que mes vers désormais aient l'éclat du plaisir :
> Des larmes, malgré moi, mouilleraient mon sourire
> Et d'involontaires douleurs
> S'échapperaient des cordes de ma lyre ;
> Mon génie est né de mes pleurs. »

Mais l'époux attristé n'expliquerait pas seul le poète
chrétien.

Il y a dans l'âme baptisée, à côté et au-dessus de tous
les points délicats où la flèche acérée de la douleur peut
l'atteindre dans l'ordre des affections humaines, il y a
place pour les douleurs divines. Saintes indignations,
imprécations généreuses, cris ardents de pieuse colère,
vous venez de ces blessures qui font saigner le cœur
du fidèle ! Et, quand une fois l'âme a été enivrée de
ce vin des chastes amours, tantôt suave comme le chant
des tourterelles, tantôt âcre comme l'absynthe ou le fiel,
elle ne peut plus se prendre aux grossiers attraits des sens;
elle en subit encore les secousses comme les parois de la
barque supportent le choc des flots, mais elle a pour lest

(1) Reboul a été marié deux fois. Il n'eut pas d'enfants de ces
deux mariages, et, veuf à vingt-cinq ans de sa seconde femme, il
épousa la Poésie. Cette noble compagne fera vivre son nom plus que
n'aurait pu faire la plus nombreuse et la plus longue postérité.

ses convictions et un meilleur amour ; elle va sans crainte des récifs ni des tempêtes.

Me sera-t-il permis, à moi, prêtre catholique, de signaler ainsi la force vraie qui avait armé Reboul pour les combats où sa vie s'est consumée.

J'avais ouï dire, comme beaucoup d'autres sans doute, que la tendresse manquait à cette âme d'ailleurs si complète, la tendresse que nous blâmons parfois là où elle se trouve, que nous regrettons toujours quand nous la voyons absente ! Non ! Reboul avait, sous la rude écorce de son énergie native, une sève toute prête à porter les fleurs les plus délicates de l'affection.

Lisez plutôt, dans son *Apparition*, comment, après dix ans, il gardait encore la mémoire du dernier deuil qui avait à jamais assombri sa vie.

> « Le plaisir ne m'a point trouvé sur son chemin.
> Le miroir dont l'éclat renvoyait ton image,
> De ses longs voiles blancs n'a pas quitté les plis ! (1) »

Mais seulement, son âme, ouverte à des émotions plus vastes, frémissant des outrages faits au Christ et à sa Religion plus que de ses propres chagrins, sûre de la mission qui lui avait été donnée de rendre témoignage à l'Évangile et à l'Église, son âme habitait désormais la

(1) Allusion touchante à l'un des vieux usages nimois. Dans les chambres mortuaires, on voile de blanc les miroirs qui réflétaient habituellement les traits du défunt. La figure des morts ne doit plus apparaître aux vivants que dans leurs souvenirs et leurs prières.

région sereine où, sans murmure, sans révolte, la volonté
de Dieu devient la règle unique et souveraine de la vie.

Tu sais, disait-il, en s'adressant à Dieu :

« Tu sais cependant si mon âme est sincère
A désirer ton règne au ciel et sur la terre...
Si les profanateurs, dans leurs jours triomphants,
M'ont jamais fait rougir d'être un de tes enfants.
Tu sais quelle tristesse en secret me consume,
Tristesse dont toi seul peux savoir l'amertume,
Quand la science impie, étendant son ravage,
De tes livres sacrés efface quelque page,
Et quand, dans mon esprit, passe le doute impur
Comme un nuage noir sur un beau ciel d'azur !
J'ai tout mis à tes pieds, Seigneur, et ta justice,
Donnera quelque chose à ce grand sacrifice. »

Je m'étonne moi-même, en prononçant devant vous, mes
Frères, de semblables paroles ! Viennent-elles d'un saint
ou d'un poète, d'un littérateur ou d'un prêtre? Ah! c'est
que Reboul croyait à la mission divine de ses chants ! Il
disait : le poète, comme nous disons : le sacerdoce, avec
recueillement et respect.

La Religion n'était pas pour lui un sentiment vague et
confus, une sorte de panthéisme délicat et raffiné. C'était
le dogme net et précis de l'Église catholique avec l'autorité souveraine de son divin fondateur, avec les consé-
quences morales qui en découlent logiquement.

La vierge Marie, surtout dans le mystère de son Im-
maculée conception ; le Christ sauveur, Homme Dieu,
Rédempteur par son sang et sa croix ; l'Eucharistie ; les

Vertus réservées, comme les a si bien nommées l'illustre et à jamais regrettable Lacordaire, voilà les questions religieuses, les grands sujets vers lesquels la pensée et la plume de Reboul allaient par un mouvement instinctif.

Malgré moi, devant ce cercueil, se dressent les images de nos poètes modernes, les plus justement célèbres. Mon Dieu ! que sont-ils devenus ! Qu'est devenu le chef de cette école romantique si bruyante et si agitée ? Quoi ! ce romancier révolutionnaire et irréligieux, c'est Victor Hugo, jadis si croyant et si monarchique !

Quoi ! cette victime déplorable d'un implacable délire ou d'une effrayante imbécillité, c'est le chantre de Rolla, ce jeune homme de si belle espérance, d'une éducation si savante, doué de si généreuses et si sympathiques qualités !

Et vous, vous pour qui l'affection persévérante de notre mort bien-aimé, tant de couronnes si justement acquises, tant de larmes versées, tant de services rendus plaideront à jamais victorieusement ; vous, cher et malheureux Lamartine, n'ai-je pas au moins le droit de vous plaindre et de prier ici votre ami pour que, maintenant dans son calme repos, il songe à votre grande âme si sensible et si tourmentée, heureuse autrefois par la Religion maintenant indigente de ce bien suprême, sans lequel la gloire n'est qu'une immense et inguérissable déception !

Plus heureux que beaucoup d'autres, Reboul, formé par la Religion à la grande poésie, gardé par elle libre des obstacles qui contraignent les hautes inspirations, maintenu dans la simplicité, dans la sobriété, dans la dig

scrupuleuse des mœurs, Reboul a été couronné du plus pur des diadèmes, celui de la charité. Membre zélé des conférences de Saint-Vincent-de-Paul, il s'honorait de visiter les pauvres, de leur distribuer lui-même des secours et des conseils, de chanter pour soulager leurs misères, de prêter l'autorité et le reflet de sa présence aux solennités qu'on donnait pour leur fournir des ressources. Dieu a permis que cette charité fut comme récompensée ici-bas par la présence, auprès de son lit de mort, de ce magistrat éminent dont le nom (1), cher aux malheureux, cher surtout aux orphelins, est l'heureux synonyme, dans notre ville, de l'esprit, de l'intelligence, du cœur et de la foi, unis dans un indivisible faisceau.

Des critiques autorisés vous diront, mes Frères, ce que fut la poésie de Reboul.

Pour moi, je n'ajouterai, sur ce point, qu'un trait à ce que j'ai indiqué déjà.

Le caractère éminent de notre poète, c'était la vigueur de l'âme. Aussi, par un penchant auquel il fut heureux d'obéir, ses tendances et son goût le portèrent tout d'abord vers la Bible et vers Corneille.

Le langage divin des prophètes, leurs grandes images, leur style furent ses plus chers modèles. Il traduisait les lamentations de Jérémie ; il empruntait à Ezéchiel ses cris de stupeur et d'effroi ! Job l'inspirait aussi et, à travers les siècles, ces deux grandes âmes, attristées de tant

(1) M. Tailhand, Conseiller en la Cour Impériale et Président de la Commission de surveillance de l'Orphelinat de Courbessac.

de douleurs, se répondaient l'une à l'autre comme de hautes montagnes, placées sur les rives opposées d'un même fleuve, se renvoient, par un interminable écho, le murmure des flots, les détonations éclatantes de la poudre enflammée ou les grondements sourds du tonnerre.

Reboul avait besoin de cette seconde éducation, impuissante encore à dissimuler toutes les lacunes de la première ; mais son vaste génie, toujours appliqué et prompt à saisir les moindres nuances de la pensée, compensait surabondamment, comme il le disait lui-même, par la force des doctrines, ce qu'il n'avait pu acquérir dans la science des délicatesses de la forme et dans les grâces aimables de la diction.

Et c'est ainsi que, même au point de vue du style, la Religion fut encore pour Reboul la maîtresse en poésie. Elle l'entraînait sur des sommets où, malgré lui, pressé par l'émotion, il se trouvait des ressources imprévues d'expression et d'art. Il avait beau, comme Amos, opposer son incapacité, son ignorance, représenter qu'il ne savait point parler ; le Séraphin brûlant l'emportait dans ses ailes et là, près du Ciel et près de Dieu, le grand homme apprenait des secrets que la nature seule n'enseigne pas et dont la hauteur, dépassant ensuite la portée commune des inventions poétiques, jetait sur l'œuvre entreprise, un reflet qui l'ennoblissait tout entière et en noyait les défauts dans la pourpre et dans l'or.

Mais, c'est trop parler du poète, parlons maintenant du citoyen !

## II

Un grand citoyen ! Quel nom et quelle gloire ? Je ne voudrais, mes Frères, ni vous surprendre, ni vous affliger. Mais ne soupçonnez-vous pas qu'il est difficile de rencontrer un homme de qui l'on puisse dire avec sécurité que c'est un grand citoyen ! Pour moi, si je n'hésite point à vous citer Régulus, Annibal, Léonidas, surtout les intrépides et généreux Macchabées, je comprends cependant que la liste des grands citoyens est plus courte que celle des hommes célèbres par la science, le courage ou le génie.

Fils de cette langue romaine, si noble et si majestueuse, le mot de citoyen a gardé, après tant de siècles, toute la noblesse et toute la majesté de son illustre signification. Pour mériter ce titre, il ne suffit pas de la valeur ou de l'intelligence, il faut encore la vertu. Ah ! c'est qu'être un citoyen, c'est être l'amant passionné de la gloire véritable, de la grandeur honnête de son pays ; c'est lui souhaiter, avec tous les biens et toutes les victoires, le bien suprême de l'honneur et de la vérité, la victoire incomparable de la modération dans la force et de la justice dans le pouvoir ! Etre citoyen, c'est respecter, c'est défendre, en même temps et du même bras, les deux bases sacrées de toute société durable, l'autorité et la liberté. Enfin, être citoyen, c'est servir ces deux grandes causes : la cause de la liberté et celle de l'autorité, non par am-

bition ou cupidité, mais par le désintéressement et l'abnégation !

Aussi saint Paul, à l'heure même où commençait l'irré-
médiable et universelle décadence de l'Empire romain, se
donnait-il à lui-même, avec une légitime fierté, ce nom de
citoyen, sous l'abri duquel il plaçait, avec son amour pour
les âmes, l'inviolable liberté de la parole apostolique :
*Civis Romanus sum !* L'Apôtre des Gentils ramassait dans
la boue ce titre tant de fois déshonoré par de si honteuses
infamies ; il en faisait la plus certaine de ses protections,
son titre le plus respecté, et cela pour que, à notre tour,
nous puissions nous écrier nous-mêmes, avec la même
confiance et la même joie : *Civis Romanus sum*; je suis,
citoyen, je suis citoyen de Rome !

Mais si ce nom est auguste, à ce compte, mon Dieu !
où trouverons-nous les grands citoyens ! Ils ne le sont
pas, ceux qui vont au triomphe par l'iniquité et l'im-
posture ! Ils ne le sont pas, ceux qui exaltent le despo-
tisme ou pratiquent la servilité ! Ils ne le sont pas surtout,
ceux qui démoralisent avec dessein, ceux qui s'inquiètent
peu de la vertu pourvu qu'ils « entendent le silence » , ceux
enfin qui veulent être pasteurs seulement pour tondre le
troupeau et s'enrichir de ses dépouilles.

Tel ne fut pas notre Reboul ! Issu d'une race d'artisans,
il eut la sainte passion du peuple français pour la gloire
et l'indépendance de la patrie ; il eut pour la France un
amour aussi tendre que dévoué ; mais jamais l'amour du
pays ne le rendit aveugle ou sourd, jamais la prospérité
matérielle ne lui parut souhaitable au prix de la dignité

et de la grandeur. Il n'aima jamais la morale du succès. Il aurait cru par là démentir toutes nos annales et souiller tous nos drapeaux !

Cet amour intelligent et sérieux des intérêts de la nation, confirma dans le cœur de Reboul un autre amour, je devrais dire un autre culte.

Dieu me préserve d'être assez timide pour refuser aujourd'hui à un Exilé la joie d'entendre affirmer qu'il eût en Reboul un ami ; et quel ami !

L'exil peut être, d'ailleurs, en ce siècle, dans les prévisions de tous les Rois ! C'est leur préparer d'avance une consolation que de célébrer la fidélité des sujets, assez obstinés pour n'oublier ni les bienfaits reçus ni les faveurs accordées. L'oubli marche, en effet, derrière les Rois qui s'en vont, et, si certains hommes pouvaient manier l'histoire à leur gré, nous ne saurions, à cette heure, ni le nom des Stuarts ni celui des Bourbons.

Reboul, auquel la Restauration n'avait rien donné (1), mais dont le sang était naturellement et traditionnellement fidèle, sentit grandir en lui, avec l'âge et l'expérience, l'amour de cette race longtemps illustre par sa fortune, maintenant consacrée par le sang et par le malheur. Sa maturité le riva, pour ainsi dire, par réflexion et par principe, aux affections instinctives de sa jeunesse ; l'autorité qu'il vit nécessaire et indispensable à toute société,

(1) Vivant, point n'ai mangé ton pain !
Mort, tu n'as plus de grâces à répandre...
( ODE POUR LA MORT DE CHARLES X.)

lui parut nécessairement et indispensablement liée à l'existence d'une monarchie héréditaire ; il fut légitimiste par raisonnement, après l'avoir été par éducation.

Reçu par M. le Comte de Chambord avec une bonté et une grâce que son caractère et son talent justifiaient assez, Reboul fit plusieurs fois ce pélerinage de l'exil. Il revenait ensuite plus fort, reprendre la tâche qu'il se croyait appelé à remplir. Mais, absent ou présent, « le Petit » (1) était dans tous les rêves du poète ; c'était, après Dieu et le Pape, sa religion et son symbole.

Hélas ! tandis que beaucoup d'autres, plus riches, ont si vite rompu toute liaison, même de cœur et de respect avec ces souvenirs, l'humble ouvrier ne les a jamais perdus un instant de vue. Sa dernière pensée en a été remplie, et la vieille fidélité, cette nourrice généreuse qui avait bercé l'enfance de Reboul, a clos pieusement sa paupière pour le dernier et long sommeil.

Fidèle à la France, fidèle à l'autorité sous la forme qui lui avait paru la plus sûre et la plus respectable, Reboul ne le fut pas moins à la liberté.

On disait jadis de nous que nous étions « des républicains blancs. » Je veux ici l'ignorer et surtout ne pas l'expliquer, mais, il est vrai de dire que notre nature méridionale, si facilement aimante et dévouée, ne conçoit pas le respect sans une filiale familiarité, par conséquent

---

(1) C'est le nom que les Bourgadiers ont donné longtemps au Comte de Chambord ; il était toujours jeune à leurs yeux parce qu'il était l'enfant de la famille.

sans une honnête et honorable liberté. Reboul était trop bon Nimois pour déroger à ces anciennes mœurs ; il comprenait d'ailleurs son temps, il comprenait que désormais la liberté politique, sagement entendue, était l'Arche sainte de la dignité des caractères et de la fermeté des convictions. Aussi, savait-il accueillir avec tolérance et aménité, ceux-là même qui ne partageaient ni ses regrets ni ses espérances. J'ai ouï dire que, à la Chambre, il recherchait, de préférence, la société des Constituants de l'extrême-gauche ! Il se flattait peut-être de les ramener à ses opinions par l'autorité de son sens droit et par l'estime universelle dont il était l'objet !

Enfin, vous le savez mieux que moi, Reboul a été un prodige de désintéressement et d'abnégation. Ni la popularité, cette sirène des poëtes, ni la gloire ni la fortune, ces deux terribles enchanteresses, rien ne l'a séduit, rien, pas même ce modeste ruban rouge (1), tant de fois terni.

S'il accepta, pendant un an, le mandat de député, c'est parce que ce mandat semblait alors prédestiné à quelques périls ! Quand il vit qu'il n'aurait plus l'occasion de mourir glorieusement à Paris, il revint vivre simplement à Nimes.

Par fidélité, uniquement par fidélité, il refusa toujours toute faveur, toute distinction, toute récompense, celles-là mêmes qui ne devaient pas engager son indépendance politique. Jamais il ne voulut rien demander ni rien

(1) On a offert deux fois *officiellement*, à Reboul, la croix de la Légion-d'Honneur. Reboul l'a deux fois refusée.

recevoir. Il rendait les services qu'il pouvait, mais, s'il fallait solliciter pour lui-même ou pour les siens, il aimait mieux se taire et ne rien devoir.

Je n'aurais pas ici loué Reboul tout entier, si, pour soutenir le grand caractère du citoyen, je ne vous montrais en lui les vertus de l'homme privé. Sa famille, sa sœur surtout, cette humble femme, en qui revivent les traits et le cœur de Reboul, lui étaient profondément chères ; il aimait à être avec ses nièces et ses neveux. Par un juste retour, on l'entourait chez lui d'une sorte d'adoration. Les siens le soignaient « en Roi », disaient-ils naïvement. Pendant treize mois, ils l'ont environné des plus délicates attentions, ils ont adouci, comme ils ont pu, ses terribles souffrances, et leur affection, aussi opiniâtre que la mort, l'a suivi jusqu'au dernier moment sans se lasser ni s'abattre.

Ce parent si tendre ne pouvait pas ne pas être un ami solide.

Je ne sais si jamais une aussi longue carrière s'est moins démentie dans la constance de l'amitié.

M. de Lamartine, M. de Fresne (1), beaucoup d'autres que je ne veux pas désigner, de peur d'omettre involontairement quelques noms, ont été les amis de ses premiers et de ses derniers jours.

La diversité des points de vue ne refroidissait pas sa sympathie. Elle prenait une face nouvelle avec ses années! Il voulait *sauver* ceux qu'il avait aimés.

______

(1) Ancien Conseiller d'État.

Dieu s'est servi de cette constance et de cette fidélité
méritoires pour le récompenser, même sur la terre.

Reboul, malade et vieilli, parmi tant de cœurs que sa
chère existence inquiétait, en a trouvé deux qui se sont
faits les gardiens infatigables de ses jours et de ses nuits,
de sa vie et de sa mort. Qu'il soit béni, ce courageux
demeurant de nos assemblées parlementaires (1), athlète
infatigable de la liberté ; qu'il soit béni, pour avoir tenu
près du fauteuil ou du cercueil de Reboul, la place que
nous devions tous lui disputer, mais que nul d'entre nous
ne méritait mieux ! Qu'elle soit aussi bénie, la femme
généreuse (2) qui, en échange de la confiance exceptionnelle dont l'honorait le grand poète, lui a donné des soins
si continus, si intelligents et si religieux. O soyez tous
bénis, au nom de l'Église et de la Cité, vous qui, de près
ou de loin, par la tendresse ou par la pitié, par les soins
du corps (3) et ceux de l'âme (4), avez encouragé, sou-
tenu, consolé, fortifié les derniers mois de cette noble vie.
Hélas ! elle a fini dans le silence et dans une apparente
insensibilité, cette existence si chrétienne et si vaillante.

Comme en un jour d'orage, le soleil, bien avant de
descendre à l'horizon, se cache et disparaît derrière d'opa-
ques nuées qui semblent devancer les ténèbres épaisses
de la nuit, ainsi le grand Reboul, notre honneur et notre

(1) M. Auguste Demians.
(2) M^me Auguste Demians.
(3) Le Docteur Pleindoux aîné, l'ami dévoué de Reboul, le fils
spirituel de l'agonie de Monseigneur Cart.
(5) Les religieuses de Notre-Dame-Auxiliatrice-Gardes-Malades.

illustration, a semblé vouloir se recueillir en lui-même, se retirer au dedans de son âme avant de paraître devant Dieu.

Pour un autre que pour lui, une fin semblable nous serait une inquiétude et un mortel regret ; elle nous laisse, à son sujet, sans angoisses. Ce fidèle chrétien, si régulier observateur des lois saintes de l'Église, ce fervent et simple croyant, si exact à remplir le devoir pascal, à communier pour le jour de la fête de Saint-Jean, son patron, ce catholique sincère qui avait incliné devant l'auguste majesté du Pontife-Roi, Pie IX, un front si respectueux quoique si endolori, Reboul a paru devant Dieu, son juge, avec une humble confiance ; il a trouvé là-haut la vérité, la justice, la miséricorde qu'il avait tant aimées, tant célébrées, si impatiemment souhaitées.

Et maintenant, mes Frères, ne vous semble-t-il pas que notre ville est frappée d'une sorte de stupeur. Nos monuments de pierres, l'admiration des étrangers, ces Arènes, cette Tour-Magne, ce Pont-du-Gard, ces merveilles si chères à Reboul, elles sont debout ! Le poète est couché là ! C'est lui, c'est le monument vivant de notre meilleure gloire, c'est lui qui nous a quittés, et quand le voyageur, passant au milieu de nous, demandera la maison de Reboul, le poète-boulanger, hélas ! il faudra conduire ce voyageur vers le cimetière !

Ah ! soyons nous-mêmes un monument de la gloire et du génie de notre illustre concitoyen ! Dressons-lui des statues, un tombeau, perpétuons sa mémoire par le ciseau et la peinture ! Oui ! ne négligeons rien pour transmettre intact à nos arrière-neveux l'héritage de cette pure renommée ! Mais c'est en nous-mêmes, c'est en nos cœurs qu'il lui faut dresser une sorte de sanctuaire intime et sacré ! Là nous honorerons vraiment ses vertus. sa loyauté, sa fidélité, sa respectueuse indépendance ! Là nous prierons comme lui, humblement et pieusement, le Dieu qui fait les saints et les grands hommes, afin que nous allions un jour, couverts d'une gloire plus modeste, mais appuyés sur d'aussi sûres espérances, le rejoindre et l'embrasser.

Ainsi soit-il.

Nîmes, imp. LAFARE et ATTENOUX, place de la Couronne, 1.